Wilde Köstlichkeiten aus dem Wald

Gesund bleiben und genießen –
mit den Schätzen der Natur

Für Ihre Gesundheit – vom Österreichischen Roten Kreuz

Impressum:

1. Auflage 2015

Autorin: Doris Berger, www.brandconcept.at
Grafische Gestaltung: Jürgen Lauthner, www.lauthner.com
Druck: Druckerei Theiss, www.theiss.at
Printed in Austria

ISBN 978-3-9503847-1-0

Bildnachweis:
Titelfoto: www.fotolia.com
www.fotolia.com, www.istockphoto.com, www.shutterstock.com

Vorwort

Viele Österreicherinnen und Österreicher unterstützen das Rote Kreuz mit ihrer aktiven Mitarbeit, mit Beiträgen oder Spenden.

Mit diesem Buch möchten wir Ihnen herzlich danken, denn ohne Ihre Hilfe könnten wir unsere Arbeit nicht aufrecht erhalten.

Die Gesundheit und das Wohlergehen unserer Mitmenschen liegen uns naturgemäß besonders am Herzen. Deshalb möchten wir Ihnen ein paar Anregungen geben, sich selbst etwas Gutes zu tun und die Natur wieder für sich und für eine zeitgemäße Ernährung zu entdecken.

In diesem Buch stellen wir Ihnen einige „wilde" Köstlichkeiten vor, die vielleicht sogar ganz in Ihrer Nähe zu finden sind.

Viel Freude beim Suchen, Sammeln und Genießen!

Univ.-Prof. DDr. Gerald Schöpfer
Präsident des Österreichischen Roten Kreuzes

Machen Sie dieses Buch zu Ihrem ganz persönlichen Ratgeber.

Kräuter, Früchte und Pflanzen direkt aus dem Wald schmecken oftmals intensiver und enthalten meist ein Vielfaches an Vitaminen und Inhaltsstoffen herkömmlicher Kräuter und Gemüsearten. Frisch geerntet und verarbeitet sind sie eine besondere Bereicherung für Ihren Speisezettel und schonen außerdem noch die Brieftasche!

Diese Symbole weisen auf die Verwendungsmöglichkeiten der Kräuter und Pflanzen hin:

Rezepte | Tees und Getränke | Naturheilmittel | Diese Blüten sind essbar!

Notizen | Fundort | Wirkung | Rezepte

Mit Ihren persönlichen Notizen (z.B. Fundort, Erntezeit, Anmerkungen zu Rezepten usw.) machen Sie dieses Buch zu einem ganz persönlichen Ratgeber!

Wertvolle Regeln für Kräuter, Früchte und Pflanzen

- Was immer Sie im Wald sammeln, verwenden Sie ausschließlich, was Sie zweifelsfrei erkennen!
- Bitte gehen Sie schonend mit dem Bestand um. Auch andere erfreuen sich an den Kostbarkeiten des Waldes.
- Sammeln Sie nur an unbedenklichen Stellen: nicht in Straßennähe oder unmittelbar neben gedüngten Wiesen oder Feldern.
- Wenn Sie Pflanzen aus dem eigenen Garten verwenden, gärtnern Sie möglichst naturnah und biologisch. Unsere Umwelt und Ihre Gesundheit danken es Ihnen.
- Verwenden Sie möglichst rasch, was Sie gesammelt und geerntet haben. So bleiben wertvolle Inhaltsstoffe erhalten und Frische schmeckt man einfach!
- Zum Sammeln von Kräutern benützen Sie am besten Plastiksackerl. So bleiben die Pflanzen frisch und können zu Hause besser auseinandergehalten werden. Bei Früchten und Schwammerln sind Körbe und Stofftaschen am besten geeignet.

Gesundheits- und Genuss-Tipp

Ein Spaziergang im Wald ist doppelt wertvoll: Er hält Sie fit – und mit ein wenig Glück bringen Sie auch gleichzeitig eine gesunde Mahlzeit mit nach Hause!

Augentrost

Euphrasia officinalis

Diese Blüten sind essbar!

Auf Waldlichtungen, trockenen Hängen und vor allem in höheren Lagen (auch noch über 2.000 m) ist diese hübsche Pflanze häufig zu finden. Aus der Nähe betrachtet ist an der Form der weißen, violetten oder gelben Blüte ein Auge mit einem Wimpernkranz zu erkennen.

Der Name hat aber nicht nur eine optische Entsprechung: Der Augentrost ist ein altbekanntes Heilmittel fürs Auge, das bei Bindehautentzündung, Augenschwäche, Gerstenkorn oder geschwollenen Augenlidern verwendet wird.

Für Tee oder Kompressen nimmt man das gesamte blühende Kraut, entweder frisch oder getrocknet (dazu in Bündeln aufhängen).

Augentrost-Kompresse

1 Hand voll frisches oder die Hälfte getrocknetes Kraut sowie eventuell ein paar Kamillenblüten mit ¼ Liter kochendem Wasser übergießen und nicht länger als 5 Minuten ziehen lassen. Durch einen Papierfilter oder ein ausgekochtes Mulltuch abseihen. Eine Kompresse mit der Flüssigkeit tränken und 15 Minuten auflegen.

TIPP

Die schönen Blüten machen sich auch gut als kleines Blumensträußchen.

Augentrost-Tee

1 TL getrocknetes Kraut mit ¼ Liter kochendem Wasser übergießen und 15 Minuten ziehen lassen. Dieser Heiltee hilft nicht nur bei Augenschwäche, sondern auch bei Heuschnupfen oder Kopfschmerzen, z. B. nach übermäßigem Alkoholgenuss.

Notizen | Fundort | Wirkung

Berberitze

Berberis vulgaris

Die roten, sauer schmeckenden Früchte sind heute nicht mehr so häufig anzutreffen wie früher. Da die Pflanze als Zwischenwirt für einen Getreidepilz fungiert, wurde sie in der Nähe von Landwirtschaften stark dezimiert.

Heute findet man den auch Sauerdorn genannten Berberitzenstrauch an Waldrändern, in Laubwäldern und in Wildhecken. Die Beeren werden gegen Ende des Sommers reif und enthalten sehr viel Vitamin C.

Getrocknet finden sie in Müsli, Desserts und orientalischen Gerichten Verwendung. Tee und Tinktur aus Wurzel und Rinde werden bei Leber-, Nieren- und Gallenleiden verwendet, die Blätter als Abführmittel.

Berberitzen-Sirup

1 kg reife Beeren und 1 in Scheiben geschnittene Bio-Zitrone mit Wasser bedeckt aufkochen, zudecken und über Nacht ruhen lassen. Am nächsten Tag abseihen und die Früchte durch ein Leinentuch auspressen. 1 Liter Saft mit ¾ kg Zucker kurz aufkochen und in sterile Flaschen füllen. Mit Soda verdünnen oder als Aperitif mit Sekt oder Prosecco servieren.

Fundort | Wirkung | Rezepte

Berberitzen-Gelee

½ kg Berberitzen mit 5 EL Wasser köcheln lassen, bis die Früchte weich sind. Durch die flotte Lotte drehen oder durch ein feines Sieb passieren. Unverdünnt oder mit ½ Liter Apfelsaft und der jeweils gleichen Menge Gelierzucker einkochen und in sterile Gläser füllen.

TIPP

Getrocknete Berberitzen passen besonders gut zu orientalischen Reisgerichten.

Birke

Betula pendula

Selbst wenn die Birke in unseren Breiten sowohl in lichten Wäldern als auch in Gärten weit verbreitet ist, so sind ihre Heilwirkungen nur wenigen bekannt.

Als Symbol des Frühlings trank man früher Birkenwasser, weil es als blutreinigend, kräftigend und schönheitsfördernd galt. Es wird direkt aus dem Stamm gewonnen – und dies ist somit eine heikle Sache, wenn einem der Baum nicht selbst gehört.

Heute werden Blätter, Knospen und Rinde für Tees und Bäder verwendet. Die heilenden Eigenschaften der Birke kommen bei Rheuma, Nierenbeschwerden und als Entwässerungskur zum Einsatz. Der Tee wirkt stark harntreibend.

Birken-Vollbad

2 Hand voll frischer Birkenblätter mit 10 Liter kochendem Wasser übergießen und dem Badewasser hinzufügen. Sie können auch ein mit Blättern gefülltes Baumwollsäckchen direkt unter das einlaufende Wasser hängen. Wirkt reinigend und stärkt die Nieren.

TIPP

Birkenholz ist ein beliebtes Brennholz für den Kamin, weil es besonders leicht brennt und kaum Funken verursacht, wenn es trocken gelagert wurde.

Fundort | Wirkung | Rezepte

Wildkräuter-Salat mit Birkenblättern

Mischen Sie Wildkräuter wie jungen Löwenzahn, Ehrenpreis, Vogelmiere, Gänseblümchenblätter u. a. mit jungen Birkenblättern und marinieren Sie mit 4 EL Olivenöl, je 1 EL Weinessig und 1 EL Aceto balsamico, Salz und Pfeffer. Mit Radieschenscheiben, gerösteten Speckwürfeln und Gänseblümchenblüten dekorieren.

Brunnenkresse

Nasturtium officinale

Diese Blüten sind essbar!

Die wintergrüne, krautige Pflanze wächst häufig im Halbschatten an kleinen Bächen und Quellen. Meiden Sie Sammelorte in der Nähe von Viehweiden!

An einem feuchten, schattigen Ort lässt sie sich auch gut im Garten ziehen.

Wie auch die Garten- und die Kapuzinerkresse schmeckt sie scharf und erfrischend, enthält reichlich Mineralstoffe und die Vitamine A und C. Sie ist eine unserer ältesten Salatpflanzen und eignet sich hervorragend zur Ergänzung von Erdäpfelsalat oder Blattsalaten.

Brunnenkresse wirkt verdauungsfördernd und blutreinigend.

Brunnenkresse-Shake

Geben Sie 1 Hand voll frischer Brunnenkresse mit ¼ Liter Buttermilch in den Standmixer – je nach Geschmack mit einem Stück reifer Banane süßen und mit ein paar Tropfen Zitronensaft abschmecken. Zum Verdünnen mit Mineralwasser verquirlen.

Brunnenkresse-Salat mit Räucherfisch

Brunnenkresse mit einer Marinade aus 1 TL grobem Senf, 3 EL Olivenöl, 2 EL Himbeeressig und etwas Salz vermischen. 1 Hand voll Basilikum mit 1 – 2 EL Olivenöl, Salz und Pfeffer pürieren, mit 1 kleinen Becher Crème fraîche verrühren. Räucherfisch-Filets mit der Sauce und dem Brunnenkresse-Salat anrichten, mit Kapuzinerkresseblüten dekorieren.

TIPP

Kürzlich wurde die Brunnenkresse von Forschern der Universität von New Jersey zur gesündesten Gemüsepflanze überhaupt gewählt!

Notizen | Fundort | Rezepte

Buche

Fagus sylvatica

Die Buche ist ein weit verbreiteter Baum, der nicht nur in Wäldern häufig zu finden ist. Ihr Name ist übrigens der Ursprung des Wortes „Buch“: Aus den „Buchenstäben“ entstanden die Runen, mit denen man das Schicksal erfragte.

Die ganz jungen Blätter sind in der Wildkräuterküche als Salat beliebt. Am besten, Sie ernten diese, unmittelbar nachdem sich die Knospe geöffnet hat.

Die ab September reifen Bucheckern sind roh schlecht verträglich. Geröstet jedoch schmecken sie ähnlich wie Mandeln und können für Müsli, Pesto, Kuchen oder süßes Gebäck verwendet werden.

Übrigens: Die Blätter der in Gärten und Hecken beliebten Hainbuchen sind am Rand nicht glatt, sondern gesägt und schmecken bitter (sind allerdings nicht giftig).

Buchen-Umschlag

1 Hand voll frischer Blätter andrücken, mit ¼ Liter Wasser aufkochen und 5 Minuten ziehen lassen. Die entzündungshemmende bzw. desinfizierende Wirkung wird in der Volksheilkunde für Umschläge eingesetzt: bei geschwollenen Gelenken, für Wunden oder bei entzündeten Hautstellen.

Buchen-Likör

4 Hand voll junger Blätter schneiden, mit 1 Liter Obstler oder Korn in der Wärme stehen lassen und immer wieder schütteln. Nach 2 Wochen abseihen und mit einem Sirup aus ½ Liter Wasser und ½ kg Zucker mischen. Noch einmal 2 Wochen rasten lassen und in Flaschen abfüllen. Ein kleines Stamperl am Abend soll als Schlafhilfe wirken.

Notizen | Fundort | Wirkung

Engelwurz / Wald-Engelwurz

Angelica archangelica / sylvestris

In Auwäldern, auf Waldlichtungen, feuchten Wiesen und an Bachufern sind beide Pflanzen zu finden. Die Wald-Engelwurz ist etwas niedriger (1,5 statt bis zu 3 Meter) und hat manchmal zartrosa statt weißer Dolden.

Um sie nicht mit anderen, giftigen Doldenblütlern zu verwechseln, sollte man unbedingt an der Pflanze riechen: Ihr süßlich-würziger Duft ist ein Erkennungsmerkmal.

In Heilwirkung und Geschmack sind einander beide Sorten sehr ähnlich. Die Blätter und Triebe können im Frühjahr als Würze für Salat und Suppen, die jungen Blattstängel roh oder als Gemüse verwendet werden – oder auch kandiert als Süßigkeit. In der Heilkunde werden die getrockneten Wurzeln verwendet. Ihre Wirkung ist nervenanregend, harntreibend, schweißtreibend, blutreinigend, magenstärkend und einiges mehr.

Falscher Engelwurz-Spargel

Die jungen Blattstängel blanchieren und schälen, danach in etwas Wasser dämpfen. Mit Salz, Pfeffer und Zitronensaft würzen. Mit zerlassener Butter, 1 pochierten Ei und groben Parmesanspänen servieren. Eine köstliche Vorspeise!

TIPP

Tragen Sie bei der Ernte Handschuhe, die Pflanzensäfte können die Haut reizen.

Angelika-Magenbitter

12 g getrocknete Engelwurz (Angelika) sowie je 8 g Anissamen, Fenchelsamen, Alantwurzel und Sternanis mit 2 Liter Obstler oder Korn in einem verschlossenen Glas 6 Wochen ruhen lassen. ½ kg Zucker in ½ Liter Wasser aufkochen und diesen Sirup mit der abgeseihten Flüssigkeit vermischen. In Flaschen abfüllen und 2 – 3 Wochen ruhen lassen.

Fundort | Wirkung | Rezepte

Fichte

Picea abies

War die Fichte früher ein Gebirgsbaum, so findet man sie heute weit verbreitet in unseren Wäldern. Da sie schnell wächst und ihr Holz von guter Qualität ist, wird sie oft in Monokulturen gepflanzt – und wird in diesen nicht selten gespritzt oder chemisch behandelt.

Für die Ernte der köstlichen jungen Triebe empfehlen sich daher alleinstehende Exemplare in Mischwäldern.

Die Fichten- oder Maiwipferl sind nicht nur eine schmackhafte Knabberei bei Frühlingswanderungen, sie haben auch heilende Eigenschaften. In der Volksmedizin sind sie für die Behandlung von Husten, Rheuma, zur Entschlackung und zur Anregung des Stoffwechsels bekannt.

Grüner Ziegenfrischkäse

Schnittfesten Ziegenkäse zu Bällchen formen oder in Scheiben schneiden und auf Küchenpapier trocknen lassen. 1 Hand voll Fichtenwipferl abzupfen, den Käse mit Kräutersalz und etwas Pfeffer würzen und in den Wipferln wälzen. Auf Tomatenscheiben anrichten, mit etwas Olivenöl beträufeln und mit essbaren Blüten (Gänseblümchen, Gundermann, Schnittlauchblüten, Taubnessel) dekorieren.

TIPP

Wipferl von Tannen haben dieselben heilenden Eigenschaften wie jene von Fichten; Tannen sind jedoch nicht so häufig zu finden.

Notizen | Fundort | Rezepte

Fichtenwipferl-Gelee

15 dag Fichtenwipferl mit ½ Liter Wasser 5 Minuten bei kleiner Hitze simmern lassen, gekühlt und zugedeckt über Nacht ziehen lassen. Abseihen und mit dem Saft 1 Zitrone und ½ kg Gelierzucker kochen. Wenn die Masse zu gelieren beginnt, in sterile Gläser füllen.

Gewöhnliche / Kanadische Goldrute

Solidago virgaurea / canadensis

Diese Blüten sind essbar!

Beide Sorten sind in lichten Wäldern, auf trockenen Waldwiesen, auf sonnigen Hängen und an Wegrändern häufig zu finden. Die Kanadische Goldrute breitet sich immer stärker aus und verdrängt vielerorts die Gewöhnliche Goldrute, die eine etwas stärkere Heilwirkung hat.

Man verwendet die oberen blühenden Teile (frisch oder getrocknet) für Tees zur Entwässerung, bei Harnwegsinfektionen, bei Nierenleiden, zur Vorbeugung von Blasensteinen und um den Stoffwechsel wieder ins Lot zu bringen.

Die Goldrute macht sich auch in der Vase schön – z. B. als Ergänzung in einem Sommerblumenstrauß. Auch getrocknet behält sie ihre frische gelbe Farbe.

Goldruten-Mundspülung

2 TL getrocknetes oder 3 EL frisches Kraut mit ¼ Liter Wasser aufkochen und 10 Minuten ziehen lassen. Die warme Abkochung 5 Minuten im Mund behalten. Hilft bei Entzündungen von Zähnen und Zahnfleisch und kann auch zum Gurgeln verwendet werden.

TIPP

Eine Haarspülung verleiht blondem Haar besonderen Glanz und intensiviert die Farbe.

Fundort | Wirkung | Rezepte

Goldruten-Wein

Ein großes Schraubglas zur Hälfte mit kleingeschnittenem Kraut (Blätter und Blüten) füllen und mit einem guten Bio-Weißwein auffüllen, sodass alle Pflanzenteile bedeckt sind. Verschlossen 2 Wochen an einem dunklen Ort ziehen lassen. Ein kleines Gläschen zu den Mahlzeiten unterstützt die Nieren und fördert die Entwässerung.

(Kriechender) Günsel

Ajuga reptans

Diese Blüten sind essbar!

Der Günsel ist in Laub- und Mischwäldern häufig zu finden, wächst aber auch an feuchten Wiesenrändern. Die wintergrüne Pflanze breitet sich im Garten über Ausläufer rasch bodendeckend in Rasen oder Wiese aus.

Da sie sehr hübsch blüht, wird sie neuerdings auch in Gärtnereien als Zierpflanze angeboten. Die Blüten können frisch oder getrocknet als Tee verwendet werden. Frische Sprossen (lauwarm gewässert, um die Bitterstoffe zu reduzieren) passen gut in Salate, zu Topfen und Erdäpfeln. Die Blüten sind eine hübsche, essbare Dekoration.

Die auch als Gurgelkraut bekannte Heilpflanze wirkt schmerzstillend und entzündungshemmend bei Mund-, Hals- und Kehlkopfentzündungen.

Günsel-Tinktur

Günselblätter in einem Schraubglas mit Weingeist bedeckt 4 Wochen ziehen lassen. Danach filtern und in eine dunkle Flasche füllen. Mit Wasser verdünnt bis zu 3 Mal täglich 10 Tropfen eingenommen, hilft die Tinktur bei Sodbrennen und Verdauungsproblemen.

TIPP

Verschiedene Wald- und Wiesenblüten ergeben eine hübsche Dekoration für Ihr Zuhause.

Günsel-Gurgelwasser

1 TL getrocknetes Kraut mit ¼ Liter kochendem Wasser übergießen und 10 Minuten ziehen lassen. Abkühlen lassen und gurgeln. Der warme Tee soll übrigens auch lindernd wirken bei einem Kater (nach übermäßigem Alkoholgenuss).

Fundort | Wirkung | Rezepte

Haselnuss

Corylus avellana

Auf Lichtungen, an Wald- und Wegrändern ist der Haselstrauch häufig anzutreffen. Früher gab es kaum ein Haus, in dessen Garten er fehlte.

Aus seinen biegsamen Ästen wurden früher Wünschelruten hergestellt und die Volksweisheit besagte gar, er solle Gewitter abwehren.

Die köstlichen Haselnüsse gehören mit ihrem hohen Gehalt an Vitaminen und Omega-3-Fettsäuren zu den gesündesten Nüssen überhaupt. Sie sind Rohstoff für Nougat und den bei Kindern beliebten Haselnuss-Aufstrich, verursachen jedoch besonders in unverarbeitetem Zustand oft allergische Reaktionen. In der Heilkunde werden auch Knospen, die männlichen Blüten (Kätzchen genannt) und Blätter verwendet.

Haselnussknospen

1 Hand voll Haselnussknospen in einem Schraubglas mit Glycerin (aus der Apotheke) übergießen, bis alle Pflanzenteile bedeckt sind. Verschlossen 2 Wochen ausziehen lassen. Abseihen und zum Gebrauch 1:10 mit destilliertem Wasser verdünnen. 3 Mal täglich 2 – 5 Tropfen wirken entzündungshemmend bei Lungen- und Bronchialerkrankungen.

TIPP

Vor allem Kinder freuen sich beim Waldspaziergang über einen praktischen Wanderstock aus Haselnussholz. Mit einem guten Messer kann man hübsche Muster in die Rinde ritzen.

Haselnuss-Grippetee

Zu gleichen Teilen getrocknete Haselnusskätzchen, Holunderblüten und Lindenblüten mischen. 1 EL mit ¼ Liter kochendem Wasser übergießen und 10 Minuten ziehen lassen. Wirkt schweißtreibend.

Notizen | Fundort | Rezepte

Huflattich

Tussilago farfara

Diese Blüten sind essbar!

Auf sandigen Böden, Kies, Böschungen, in Gruben und entlang von Bächen wächst er häufig, der Huflattich. Aufgrund eines in geringen Mengen vorhandenen Inhaltsstoffes (Pyrrolizitinalkaloid) wird er als giftig und daher apothekenpflichtig eingestuft.

In geringen Mengen genossen und seit Generationen als Heilmittel verwendet, ist seine gesundheitsgefährdende Wirkung jedoch kaum relevant. Sehr zeitig im Frühjahr bildet er die Blüte und erst danach die Blätter aus, die mit weißgrauem Filz überzogen sind.

Seine Heilwirkung ist insbesondere bei Husten und Bronchitis angezeigt. Er wirkt auswurffördernd und schleimlösend. Wegen ihrer antibakteriellen und entzündungshemmenden Wirkung werden die Blätter bei Hautentzündungen und für die Wundbehandlung verwendet.

Gebratene Huflattichblüten

Gut gereinigte Huflattich-Blütenstände in 1 EL Sonnenblumenöl bei starker Hitze anbraten, mit Sojasauce oder grobem Meersalz würzen. Entweder als kleinen Snack servieren, als Gemüsebeilage oder über einen Blattsalat streuen.

TIPP

Huflattich-Tee wirkt schleimlösend und kann auch gegurgelt werden. Äußerlich angewendet, hilft er bei fettiger oder entzündlicher Haut.

Hustensirup für Kinder

Über das Frühjahr nach und nach Schlüsselblumen, Lungenkrautblätter, Huflattichblüten und Königskerzenblüten in ein großes Schraubglas füllen und immer wieder mit Honig aufgießen, bis alle Pflanzenteile bedeckt sind. 8 Wochen an einem warmen Ort durchziehen lassen. Vor dem Abfüllen kurz anwärmen, abseihen und auspressen.

Indianernessel

Monarda didyma

Diese Blüten sind essbar!

Diese nordamerikanische Pflanze ist inzwischen in Europa so verbreitet, dass man sie nicht nur in Gärtnereien als Zierpflanze, sondern auch auf Waldlichtungen oder Uferböschungen antrifft.

Die Indianernessel war eine wichtige Heilpflanze der Indianer, die bei Erkältungen, als Stärkungsmittel und als Antiseptikum eingesetzt wurde.

Die hübsche Blüte peppt Salate auf. Sie kann ähnlich der Melisse für Säfte, Bowlen, Gelee und als Sirup für Mixgetränke verwendet werden. Mit der getrockneten, zerriebenen Blüte kann man Salatsaucen oder Dips würzen.

Indianernessel-Sirup

1 Liter Wasser und 1 kg Kristallzucker vorsichtig kochen, bis der Zucker zergeht. 3 – 4 Hand voll Indianernesselblüten mit dem Saft von 2 Zitronen vermischen und im heißen Zuckersirup 3 Tage bei Raumtemperatur ziehen lassen. In sterile Flaschen füllen. Mit Sekt oder Mineralwasser servieren!

Indianernessel-Tee

Die Blüten und jungen Blätter sollte man rechtzeitig trocknen, das ergibt einen wohlschmeckenden Tee oder eine interessante Ergänzung für eine Hausteemischung. 1 EL mit ¼ Liter kochendem Wasser übergießen und 10 Minuten ziehen lassen. Hilft bei leichter Übelkeit, Blähungen oder Kopfschmerzen.

Notizen | Fundort | Rezepte

Knoblauchrauke

Alliaria petiolata

Vor allem im Unterholz von Laubwäldern, auf Lichtungen, an Waldrändern, aber auch bei feuchten Hecken kann man die Knoblauchrauke finden. Ein paar Samenkörner genügen und sie bleibt auch ein dauerhafter Gast im Garten.

Die Pflanze ist leicht am intensiven Knoblauchgeruch erkennbar, sollte jedoch eher jung verwendet werden, da sie in einem späteren Stadium eher nach Kohl riecht. Sie ist ein praktischer Würzersatz für Menschen, die Knoblauch nicht vertragen.

Als Heilpflanze wird sie für Frühjahrskuren zur Stärkung der Abwehrkräfte eingesetzt. Würzen Sie mit den rohen Blättern Salate, Suppen, Fleisch- oder Gemüsegerichte. Als Tee hilft sie bei Beschwerden der Atemwege wie leichtem Husten oder Bronchitis.

Spaghetti mit Zucchini und Kräuterpesto

Aus je 1 Hand voll Knoblauchrauke und Basilikum, 3 EL Olivenöl, Salz, Pfeffer und je 1 EL Pinienkernen (oder Mandeln) und Parmesan ein Pesto zubereiten. Zucchini-Scheiben in etwas Olivenöl anbraten, al dente gekochte Spaghetti hinzufügen und mit dem Pesto vermengen. Mit Basilikumblättern garnieren.

Kräuter-Dip mit Knoblauchrauke

¼ kg Speisetopfen mit 2 EL fein gehackter Knoblauchrauke, abgeriebener Schale von ½ Bio-Zitrone und 1 Prise Salz vermischen und etwas rasten lassen. Mit verschiedenen Gemüsestreifen (Karotten, Gurken, Stangensellerie, Zucchini, Fenchel usw.) als Vorspeise servieren.

Notizen | Fundort | Wirkung | Rezepte

Kohl-Kratzdistel

Cirsium oleraceum

Auwälder, feuchte Wiesen, Ufer und Gräben sind häufig von großen Mengen Kohl-Kratzdisteln besiedelt. Sie zeigen eine Überdüngung an.

Auch wenn diese Pflanze durch ihre Stacheln eher unnahbar wirkt, so sind alle Pflanzenteile in der Kräuterküche verwertbar. Die jungen Blätter, geschälte Stängel und auch die jungen Triebe haben nicht nur einen Kohlgeschmack, sie können auch wie Kohl verwendet werden – als Salat oder Gemüse.

Die Blütenböden sind eine besondere Delikatesse und sogar die geschälten Wurzeln können roh oder gekocht gegessen werden, vor allem wenn sie nicht zu groß sind. Getrocknet ergänzen sie einen Rheumatee. Der Tee aus Blättern und Blüten regt die Verdauung an.

Kratzdistel-Auflauf

4 Eier, ¼ Liter Milch, 7 dag Mehl, Salz, Pfeffer und Muskatnuss verrühren, 40 dag klein geschnittene und blanchierte Kratzdistel-Blätter unterheben. In eine gebutterte Auflaufform füllen, mit 10 dag geriebenem, würzigem Hartkäse bestreuen und bei 180 Grad ca. 35 - 40 Minuten backen. Mit grünem (Wildkräuter-)Salat servieren.

TIPP

Auch die Blütenböden anderer Kratzdistelarten (z. B. Krause Distel) haben einen ähnlich feinen Geschmack wie Artischockenböden.

Notizen | Fundort | Rezepte

Kratzdistel-Mundspülung

1 TL Wurzel mit ¼ Liter Wasser aufkochen und 10 Minuten ziehen lassen. Bei Zahnschmerzen als Mundspülung verwenden, als Tee bei Gicht, Rheuma oder bei Muskelkrämpfen.

Rainkohl

Lapsana communis

Diese Blüten sind essbar!

Feuchte Wälder, die Nähe von Äckern an den Rainen sowie Weg- und Waldränder sind sein Zuhause. Im Garten wird er oft als vermeintliches Unkraut ausgezupft.

Tatsächlich ist der Rainkohl sowohl schmackhaft als auch gesund und ein wichtiger Bestandteil der Wildkräuterküche – z. B. als Salat oder Spinatersatz bei Gemüsegerichten, als Zugabe zu Eierspeisen, Aufläufen und auch als Suppe. Man verwendet nur die ganz jungen Blätter (bis etwa Mai geerntet), ab Juni sind die Blüten des Rainkohls eine hübsche, essbare Dekoration für Vorspeisen und Salate. Der etwas bittere Geschmack der Blätter kann durch ein lauwarmes Wasserbad gemildert werden.

Aus den Blüten kann man ein Wundöl herstellen, das Kraut wirkt stoffwechselanregend.

Rainkohl-Kräutersalz

Rainkohlblätter im Mixer pürieren und danach mit derselben Menge Salz nochmals pürieren. Die breiige Masse ganz dünn auf Backtrennpapier streichen und trocknen lassen. Dann noch einmal im Mörser zerreiben und in einem dunklen Glas aufbewahren, damit die grüne Farbe erhalten bleibt.

Notizen | Fundort | Rezepte

Spinatknödel mit Rainkohl

In einer Pfanne je 2 kleingehackte Schalotten und Knoblauchzehen in 1 EL Butter anschwitzen. ½ kg Rainkohl (je nach Verfügbarkeit mit Spinat gemischt) hinzufügen und mitdünsten. Etwas auskühlen lassen und mit 20 dag Knödelbrot, 2 dl Milch, 3 verquirlten Eiern, je 5 dag Mehl, Topfen und geriebenem Bergkäse in einer Schüssel durchmischen. 15 Min. rasten lassen, Knödel formen und in Salzwasser 10 – 15 Minuten kochen. Mit zerlassener Butter und geriebenem Bergkäse oder Parmesan servieren.

Robinie

Robinia pseudoacacia

Diese Blüten sind essbar!

In lichten Wäldern, an Waldrändern, aber immer häufiger in Parks findet man den bis zu 25 m hohen Baum, der auch Scheinakazie genannt wird.

Sowohl Holz, Rinde, Blätter, als auch die in Schoten gereiften Samen sind giftig – nicht jedoch die Blüten, die im späten Frühjahr eine wichtige Bienenweide darstellen. Die Blütentrauben können wie Holunderblüten herausgebacken oder aber zu Sirup, Saft oder Likör verarbeitet werden. Ihr feines Aroma dient außerdem zum Aromatisieren von Desserts und süßem Gebäck.

Robinienholz wird für die Nutzung im Freien immer beliebter, da es sehr widerstandsfähig ist. Bei der Bearbeitung (z. B. Renovierung) sollte man stets einen Mundschutz verwenden.

Robinienblüten-Likör

20 dag Robinienblüten abzupfen und mit ½ Liter Obstler sowie 40 dag weißem Kandiszucker in ein großes Schraubglas füllen und verschließen. 2 Monate ziehen lassen, hin und wieder durchschwenken. Den Likör abseihen, abfüllen und noch einmal 4 Wochen ruhen lassen.

Robinien-Pannacotta

Für 4 – 6 Portionen ½ Liter Schlagobers aufkochen, vom Herd nehmen und mit 5 dag abgezupften Robinienblüten 3 Stunden ziehen lassen. Abseihen, mit 5 dag Zucker aufkochen, wieder vom Herd nehmen und 2 zuvor in Wasser eingeweichte, ausgedrückte Blätter Gelatine unterrühren. In Dessertgläser füllen und mindestens 6 Stunden kühl stellen. Stürzen und mit frischen Beeren servieren.

Notizen | Fundort | Rezepte

Scharbockskraut

Ranunculus ficaria

Fast teppichartig breitet sich das Scharbockskraut in Laub- und Auwäldern, an Bachläufen und in feuchten Wiesen aus. Hat es einmal ein Fleckerl im Garten erobert, ist es auch dort ein dauerhafter Gast.

Die Blätter erscheinen, sobald der Schnee verschwunden ist. Sie eignen sich für Salat, Suppen, Gemüse oder auch frisch geschnitten auf dem Butterbrot, jedoch nur in den ersten Wochen des Frühlings und nicht in zu großen Mengen. Sobald das Kraut aus der Familie der Hahnenfußgewächse blüht, werden die Blätter scharf und können Magenreizungen verursachen.

Sein Name kommt von der Krankheit Skorbut (früher auch Scharbock genannt), die von einem Vitamin-C-Mangel herrührt. Dieser kann im zeitigen Frühjahr mit dem Scharbockskraut als Rohkost bekämpft werden.

Topfenaufstrich mit Scharbockskraut

Fein gehackte Blätter von Scharbockskraut, Giersch, Knoblauchrauke und Sauerampfer mit ¼ kg Topfen, ⅛ Liter Sauerrahm, etwas Zitronensaft, Salz und Pfeffer vermischen und etwas ziehen lassen.

Frühlingssalat mit Scharbockskraut

Aus 1 EL Himbeeressig, 3 EL Sonnenblumenöl, 1 Prise Kräutersalz und der abgeriebenen Schale einer halben Bio-Orange die Marinade zubereiten. Wildkräuter wie Löwenzahn, Brennnessel und Scharbockskraut mit verschiedenen Blüten anrichten und mit der Marinade beträufeln. So schmeckt der Frühling!

Notizen | Fundort | Rezepte

Schlüsselblume

Primula officinalis

Diese Blüten sind essbar!

Zeitig im Frühjahr erfreuen uns die leuchtend gelben Blüten der Schlüsselblume (auch Himmelschlüsserl genannt) auf Böschungen, an Waldrändern und in Au- und lichten Laubwäldern.

Sie ist eine vielerorts geschützte Pflanze, sollte also nur in Maßen gepflückt und keinesfalls ausgegraben werden, außer natürlich im eigenen Garten. In der Küche werden Blätter und Blüten für Salate verwendet. In der Hausapotheke sind die getrocknete Wurzel und die Blüte im Einsatz.

Die Schlüsselblume wirkt schleimlösend, schweißtreibend, schlaffördernd, schmerzstillend, herzstärkend und ist außerdem eine „Einschleuserpflanze“: Als erstes Heilkraut im Frühjahr hilft sie dem Körper auf natürliche Weise bei der Aufnahme von Magnesium.

Schlüsselblumen-Hustensirup

1 EL zerkleinerte Wurzel mit etwas Wasser 5 Minuten kochen, abseihen und so lange mit Honig verrühren, bis ein dicker Sirup entsteht. Die enthaltenen Saponine regen zum Abhusten an. Je 1 TL einnehmen. Auch für Kinder gut geeignet!

Schlüsselblumen-Tinktur

Blüten in einem großen Marmeladeglas mit Weingeist übergießen, bis alle Pflanzenteile bedeckt sind. 2 – 3 Wochen verschlossen ziehen lassen, dann abseihen und in eine dunkle Flasche füllen.

Täglich 10 – 30 Tropfen z. B. auf einem Stück Würfelzucker oder mit Wasser verdünnt einnehmen. Hilft bei Migräne oder Rheumaschmerzen.

Fundort | Wirkung | Rezepte

Springkraut

Impatiens

Diese Blüten sind essbar!

Die unterschiedlich großen Springkraut-Sorten wachsen bei uns in Auwäldern und am Waldesrand, an Bach- und Flussufern – meist in großer Zahl, sodass sie ein richtiggehendes Blütenmeer bilden.

In frischem Zustand sind sie leicht giftig. Blätter werden (vor der Blüte) ausschließlich als Tee oder Abkochung verwendet. Die Blüten jedoch haben einen mild-süßlichen Geschmack, deren feines Aroma eine Bereicherung für Süßspeisen ist. Selbst die Samen sind essbar und haben einen nussigen Geschmack, der durch leichtes Anrösten noch besser zur Geltung kommt.

Seine Bekanntheit hat das Indische Springkraut (Impatiens glandulifera) als eine der sogenannten „Bachblüten", der Blüte der Zeitlosigkeit – für Menschen, die mit sich und anderen ungeduldig sind.

Springkraut-Gelee

2 – 3 Hand voll Blüten in 1 Liter Apfelsaft mindestens 3 Stunden ziehen lassen. Bis zum Siedepunkt erhitzen. Abseihen und mit dem Saft einer halben Zitrone und 1 kg Gelierzucker bis zur Gelierprobe köcheln lassen. In sterile Gläser füllen.

Springkraut-Tee

1 TL getrocknetes Kraut mit ¼ Liter Wasser aufkochen und 5 Minuten ziehen lassen. Der Tee wirkt harntreibend und entschlackend. Die Abkochung kann auch als Sitzbad bei Hämorrhoiden angewendet werden.

TIPP

Kinder lieben es, bei einer spätsommerlichen Wanderung die Explosionsfrüchte durch sanften Druck platzen zu lassen, denn die Samen springen bis zu 10 Meter weit.

Notizen | Fundort | Wirkung | Rezepte

Wacholder

Juniperus communis

War er früher wegen seiner Heilkraft fast in jedem Garten zu Hause, ist er inzwischen in freier Natur selten geworden. Man findet ihn im Unterholz lichter Wälder, in Heidegebieten und an Berghängen.

Bekannt ist der Wacholder vor allem als Gewürz für Sauerkraut, für Saucen und intensiv schmeckende Fleischgerichte. Er macht die Speisen bekömmlicher und wirkt appetitanregend.

Weniger üblich ist die Verwendung von Nadeln und Holz – in abgekochter Form für Bäder und Einreibungen. Zweige werden zum Selchen von Fleisch verwendet oder aber zum Räuchern von Räumen (wirkt reinigend).

Wacholder-Tee fördert den Stoffwechsel und entgiftet.

Wacholder-Sauce für Wildgerichte

Je 1 gehackte Schalotte und Knoblauchzehe mit 20 angedrückten Wacholderbeeren in 2 EL Sonnenblumenöl anschwitzen, mit ½ Liter Rotwein ablöschen und auf die Hälfte einreduzieren. Wenn vorhanden, Fond oder Bratensatz hinzufügen, mit Salz, Pfeffer und 1 TL Honig würzen und mit 2 EL kalter Butter montieren.

TIPP

Ein Gläschen Wacholderschnaps oder Gin als Digestif tut dem Magen nach einem schweren Essen gut!

Notizen | Fundort | Wirkung | Rezepte

Wacholder-Sirup

10 dag Beeren anquetschen und mit 4 dl kochendem Wasser übergießen. Über Nacht zugedeckt ziehen lassen. Langsam erhitzen, kurz aufkochen und durch ein Sieb streichen. Die Flüssigkeit nochmals kurz aufkochen und je nach Geschmack etwas Honig hinzufügen. Kinder bekommen täglich 1 EL bei hartnäckigem Husten. Wirkt außerdem appetitanregend und stoffwechselfördernd.

Walnuss

Juglans regia

Früher noch oft an Waldrändern und -lichtungen auftretend, ist die Walnuss heute meist in Gärten oder am Wegesrand zu finden.

Neben ihrem köstlich-feinen Geschmack zeichnet sich die Walnuss unter allen Nussfrüchten durch den höchsten Gehalt an Linolensäure (gehört zu den Omega-3-Fettsäuren) aus. Sie enthält Zink, Kalium, Magnesium, Eisen, Calcium und viele Vitamine – ist also durch und durch gesund, wenngleich leider kalorienreich.

Walnüsse sind gesund für Haut und Haare, senken den Cholesterinspiegel und stärken Herz und Kreislauf. Nicht nur die Früchte selbst entfalten ihre gesundheitsfördernde Wirkung, auch die Blätter und Trennwände zwischen den Kernen, die „Kämben", werden in der Naturheilkunde eingesetzt.

Walnusskämben-Tee

Die Trennwände von 8 – 10 Nüssen in ¼ Liter Wasser 10 Minuten kochen, abseihen und schluckweise trinken. Wirkt durchblutungsfördernd!

TIPP

Unter einem Nussbaum sitzt man weitgehend insektenfrei. Der Geruch der Blätter vertreibt die ungebetenen Gäste. Früher hat man Kühe und Pferde sogar mit einem Absud von Nussblättern eingerieben.

Fundort | Wirkung | Rezepte

Walnussblätter-Umschlag

5 g getrocknete Walnussblätter mit ¼ Liter kaltem Wasser übergießen, 15 Minuten lang köcheln lassen und abseihen. Ein Tuch mit dem Absud tränken und auf die zu behandelnde Stelle legen. Hilft bei Akne, Ekzemen oder gegen übermäßige Schweißabsonderung.

Wasserdost

Eupatorium cannabinum

Der auch Kunigundenkraut genannte Wasserdost ist an feuchten Stellen in Wäldern, aber auch an Ufern von Teichen und Flüssen zu finden. Auch bei Gartenteichen wird er häufig angepflanzt.

Er wird bis zu 3 Meter hoch, hat große Blütendolden mit kleinen rosa Einzelblüten und ist oft in dichten Beständen anzutreffen.

Seine Tradition als Heilpflanze geht zwar bis in die Antike zurück, doch heute ist er ein wenig in Vergessenheit geraten. Dabei ist er ein wirkungsvolles Mittel zur Stärkung des Immunsystems und kann sowohl vorbeugend als auch bei ersten Krankheitssymptomen als Tee oder Tinktur eingenommen werden.

Grippetropfen vom Wasserdost

Blätter bzw. gesamtes Kraut in ein Schraubdeckelglas füllen, mit Kornbrand auffüllen, bis die Blätter gut bedeckt sind. Das Glas verschlossen 6 Wochen an einem warmen Ort ziehen lassen. Durch einen Kaffeefilter abseihen und in dunkle Tropfflaschen füllen. Nochmals 2 Wochen warten. Sobald eine Erkältung im Anmarsch ist, 2 - 3 Mal täglich 10 – 30 Tropfen einnehmen.

TIPP

Wasserdost-Tee soll nicht gesüßt werden, obwohl er bitter ist. Nicht zu viel trinken, denn dann verursacht er Brechreiz.

Notizen | Fundort | Wirkung

Wasserdost-Kaltauszug

1 ½ TL Kraut mit ¼ Liter Wasser übergossen 10 Stunden ziehen lassen. 2 – 3 Tassen pro Tag stärken das Immunsystem und sollen sogar bei Heuschnupfen helfen. Weiters wirkt er leberreinigend und galletreibend. Auch als äußerliche Anwendung bei Hautausschlägen geeignet.

Weidenröschen

Epilobium parviflorum

Diese Blüten sind essbar!

Das Kleinblütige Weidenröschen ist ein unscheinbarer Bewohner auf Waldlichtungen, in Auwäldern, an Bachrändern, aber auch als vermeintliches Unkraut häufig im Garten anzutreffen.

Das ungleich größere und mit kräftigen dunkelrosa Blüten ausgestattete Schmalblättrige Weidenröschen wird gut 1 m hoch und ist ebenfalls häufig an Böschungen und Waldwegen zu finden. Als Gemüse kommen beide in Frage, jedoch stets nur die jungen Triebe, die wie Spargel oder als Spinatersatz verwendet werden können.

Das Kleinblütige Weidenröschen hat sich in den letzten Jahren in der Heilkunde mit seinem günstigen Einfluss auf die Prostata einen Namen gemacht. Es wirkt entzündungshemmend, wassertreibend und antibakteriell.

Weidenröschen-Tee

2 TL Weidenröschenkraut mit ¼ Liter kochendem Wasser 15 Minuten ziehen lassen. 3 Tassen täglich zur Vorbeugung oder Behandlung von Prostatabeschwerden bzw. bei Blasenleiden trinken.

TIPP

Das Schmalblättrige Weidenröschen (Bild rechts) wirkt durch seine Größe auch in der Vase sehr imposant.

Weidenröschen-Spargel

Bis ca. Mai können die jungen (nicht holzigen) Triebe geerntet werden. Achten Sie bereits im Vorjahr auf Bereiche, in denen das Weidenröschen anzutreffen war. Unten schälen und in Salzwasser kochen, mit etwas Muskatnuss, Salz und Pfeffer in Butter schwenken und als Beilage zu gebratenem Fleisch servieren.

Notizen | Fundort | Wirkung | Rezepte

Weißdorn

Crataegus monogyna

Diese Blüten sind essbar!

Im Volksmund auch als Hagedorn, Mehlbeerbaum oder Christdorn bekannt, ist der Weißdorn wegen seiner schönen Blätter und Blüten eine beliebte Zierpflanze geworden. Man begegnet ihm leider nur noch selten in Laub- und Föhrenwäldern.

Neben den Blüten finden auch die Früchte in der Küche Verwendung; die Kerne dienten früher als Kaffeeersatz.

Weißdorn ist eine sowohl für den Gaumen als auch für Körper und Seele wertvolle Pflanze, die bei Unruhe, Nervosität und Schlafstörungen (als Tee) eingesetzt wird. Als Tinktur oder frischer Fruchtsaft wirkt er durchblutungsfördernd und kreislaufstärkend.

Weißdorn-Brombeer-Gelee

Je ¾ kg Weißdornbeeren und Brombeeren säubern und knapp mit Wasser bedeckt ca. 30 Minuten weich kochen. Den Saft abseihen und mit derselben Menge Gelierzucker (1:1) unter Rühren aufkochen lassen. Die Masse geliert sehr rasch, weil die Früchte viel Pektin enthalten. Deshalb nur kurz kochen, Gelierprobe machen und in sterile Gläser füllen.

TIPP

Die frischen Knospen kann man als Salat essen. Der Genuss von Blüten und Knospen soll unruhige Menschen friedlich machen!

Weißdorn-Tinktur

Blüten oder Beeren mit der doppelten Menge hochprozentigem Korn oder Obstler übergießen, einige Wochen dunkel lagern und dann filtern. Die Tinktur hält mehrere Jahre. Sie stärkt das Herz und belebt den Kreislauf.

Notizen | Fundort | Wirkung | Rezepte

Schwammerl: die edlen Waldbewohner

Es gibt kaum einen feineren Genuss als eine Mahlzeit aus frischen, selbst gepflückten Schwammerln. Denn zum edlen Geschmack gesellt sich noch der Stolz dazu, sich selbst kulinarisch versorgt zu haben.

Stein- oder Herrenpilz, Parasol und Eierschwammerl gehören wohl zu den begehrtesten Schätzen unserer Wälder. Sie sind leicht zu erkennen und verfügen über ein besonders intensives Aroma.

Wir möchten Ihnen auf den folgenden Seiten weniger bekannte Pilze vorstellen, die Sie wahrscheinlich selten auf einem Markt erstehen können, die jedoch gut zu bestimmen und sehr schmackhaft sind.

Viel Freude beim Suchen und Finden,
beim Zubereiten und Genießen!

Wichtige Regeln fürs Schwammerl-Suchen

- Morgenstund' hat Gold im Mund: Schwammerl-Sucher sind Frühaufsteher!
- Wenn es länger als 2 Wochen nicht geregnet hat, lohnt die Suche selten.
- Ihre Nase ist ein guter Wegweiser, folgen Sie dem Pilzgeruch!
- Lernen Sie, den Blick auf den Boden zu lenken und systematisch zu suchen.
- Haben Sie einen Pilz gefunden, suchen Sie gezielt in der nächsten Umgebung.
- Ob Sie den Pilz abschneiden oder vorsichtig herausdrehen – wichtig ist, dass Sie das entstandene Loch wieder mit Erde abdecken.
- **Sammeln Sie nur, was Sie zweifelsfrei erkennen! Eine Verwechslung kann schwerwiegende gesundheitliche Folgen haben – und im schlimmsten Fall zum Tod führen.**

TIPP

Sammeln Sie Schwammerl immer in einem Korb oder, wenn nichts anderes verfügbar ist, in einer Stofftasche, nie in einem Plastikbehälter oder -sackerl. Ein Pilzmesser leistet wertvolle Dienste, weil man die Schwammerl gleich an Ort und Stelle putzen kann.

Wenn Sie bei der Bestimmung unsicher sind, gehen Sie zur Pilzberatungsstelle Ihres Marktamts.

Herbsttrompete

Craterellus cornucopioides

Dieser ausgezeichnete Speisepilz wird wegen seiner braungrauen bis schwarzen Farbe auch Totentrompete genannt. Meist ist er in großen Ansammlungen zu finden. Allerdings versteckt er sich häufig unter dem Laub, sodass man den Waldboden sehr genau absuchen muss.

Seine trichterartige Form weist auf seine Verwandtschaft zum Eierschwammerl hin. Der hohle Fruchtkörper ist am Rand trompetenartig umgeschlagen und unregelmäßig gewellt.

Die Außenseite fühlt sich samtig und glatt an, das Fleisch ist fest und elastisch. Herbsttrompeten erreichen einen Durchmesser von bis zu 12 cm.

Verwendung:

Der Pilz schmeckt am besten frisch, ist jedoch auch einige Tage im Kühlschrank haltbar, wenn man ihn in ein Papiersackerl gibt. Getrocknet ist das Aroma wunderbar und eignet sich hervorragend zum Würzen.

Asiatische Suppe mit Herbsttrompeten

1 oder 2 Hühnerkarkassen bzw. 1 Suppenhuhn, Wurzelgemüse, Liebstöckel, Wacholderbeeren, Pfefferkörner mit einem 5 cm großen Stück Ingwer und 2 Stängeln Zitronengras in einem großen Topf mit Wasser (ohne Salz) mindestens 2, besser 3 Stunden kochen.

Die Suppe abseihen und einen Teil davon mit einigen Ingwerscheiben, klein geschnittenem Zitronengras und 4 Kaffir-Limonenblättern weitere 10 Minuten köcheln lassen, um das Aroma der Gewürze zu intensivieren.

In der Zwischenzeit in Streifen geschnittene Frühlingszwiebel, dünne Tomatenscheiben, etwas Zitronensaft und je nach Geschmack Chili klein gehackt in Suppenschalen anrichten.

Suppe salzen und 1 klein geschnittene Hühnerbrust sowie die Herbsttrompeten 5 – 7 Minuten darin ziehen lassen. Die Suppe sollte nicht mehr kochen, damit sie durch das Fleisch nicht trüb wird.

Wenn Sie die Suppe nicht als Vorspeise, sondern als Hauptmahlzeit servieren möchten, ergänzen Sie diese durch gekochte Nudeln und bissfest gekochtes Gemüse (z. B. Karotten, Zuckerschoten oder Erbsen).

Auf die Teller verteilen und mit frischem Koriander servieren.

Fundort

Krause Glucke

Sparassis crispa

Auch Fette Henne genannt, sieht die Krause Glucke völlig anders aus als die übrigen Waldpilze: Ihr großer, von Cremeweiß über Hellrosa bis ins Ockergelb gehender Fruchtkörper mit seinen gekräuselten Verästelungen sieht eher aus wie ein Schwamm.

Die Engländer nennen ihn auch cauliflower fungus (Karfiolpilz). Der Fruchtkörper sitzt auf einem Strunk und breitet sich zu einem Durchmesser von 10 bis 40 cm aus. Das Fleisch riecht würzig, sein Aroma ist nussig.

Die Krause Glucke wächst im Wurzelholz und ist nicht sehr häufig anzutreffen. Da sie jedoch selten gesammelt wird, kann man doch regelmäßig das Glück haben, eine zu finden. Beim Abschneiden sollte man mit dem Messer flach bleiben, um das Myzel zu erhalten. Am besten notieren Sie sich gleich den Fundort.

Verwendung:
Ein großer Pilz bleibt einige Tage frisch. Zum Trocknen sollte man ihn zerteilen, um ihn besser säubern zu können und den Trockenvorgang zu beschleunigen.

Waldkräutersalat mit Krauser Glucke

Beim Schwammerlsuchen am besten gleich ein paar würzige Wald- und Wildkräuter sammeln wie z. B. Brunnenkresse, Gänseblümchen, Giersch, Löwenzahn, Sauerklee, Weidenröschen usw.

Den Salat gut waschen, schleudern und auf Tellern verteilen. Den Schwamm in kleine Stücke zerteilen und sorgfältig säubern. Bitte keinesfalls waschen, sonst verliert er sein Aroma.

Fundort

Eine Marinade aus 1 EL mildem Essig und 2 EL Nussöl, Salz und Pfeffer vorbereiten.

Etwas Sonnenblumenöl in einer Pfanne erhitzen und die Gluckenstücke darin scharf anbraten, bis sie kein Wasser mehr lassen und kurz davor sind, Farbe zu nehmen.

Auf dem Waldkräutersalat verteilen und mit der Marinade beträufeln.

Dazu passen getoastete Weißbrotscheiben, die Sie mit etwas Olivenöl beträufeln, salzen und mit einer Tomatenhälfte einreiben.

Schopftintling

Coprinus comatus

Als einer der häufigsten Pilze ist der Schopftintling oft an Waldrändern zu finden, jedoch auch in Wiesen und sogar im Garten taucht er häufig auf, oft in großen Mengen. Sein Hut ist 5 bis 10 cm groß und ei- bzw. walzenförmig, reinweiß und geschuppt.

Er kann nur in jungem Zustand und sofort verzehrt werden, denn bereits innerhalb von 2 Tagen öffnet sich der Hut, wölbt sich außen zu einer Glocke und wird von unten her schwarz (siehe Bild rechts). Dann macht er seinem Namen alle Ehre und verflüssigt den Hut zu einer Art Tinte, die früher tatsächlich als solche verwendet wurde.

Eine Verwechslungsgefahr besteht kaum, denn der in Verbindung mit Alkohol giftige Faltentintling hat einen grauen Hut und keine Schuppen.

Verwendung:
Man kann den Schopftintling roh (fein geschnitten, mit etwas Zitronensaft und Olivenöl) genießen oder gekocht. Er eignet sich weder zum Lagern noch zum Trocknen.

Linguine mit Schopftintling in Wildspinatsauce

20 dag Spinat oder Wildkräuter (Brunnenkresse, Leimkraut, Löwenzahn, Brennnessel, Giersch, ein paar Blätter Knoblauchrauke – was immer Wald und Wiese nach der Schwammerlsuche bereithalten) kurz blanchieren, abtropfen und mit ca. ⅛ Liter Schlagobers oder Crème fraîche pürieren, mit Salz, Pfeffer und Muskatnuss würzen.

Die sauberen (nicht gewaschenen) Schopftintlinge in Streifen schneiden und in etwas Sonnenblumenöl anbraten.

40 dag Linguine in viel Salzwasser al dente kochen. Die heißen Nudeln mit der Spinatsauce vermischen, aber nicht mehr erhitzen.

Die Nudeln auf 4 tiefe Pasta-Teller verteilen und mit den Schopftintlingen garnieren, mit etwas Salz und Pfeffer aus der Mühle würzen.

TIPP

Schwammerl sollten immer erst zum Schluss gesalzen werden, sonst wird ihnen Wasser und damit auch ein Teil ihres Aromas entzogen.

Fundort

Semmelstoppelpilz

Hydnum repandum

Der semmelfärbige Speisepilz fühlt sich sowohl in Laub- als auch Nadelwäldern wohl, meist in großen Gruppen an eher feuchten Stellen.

Der Hut wird bis zu 10 cm breit, und ist an der Oberfläche trocken und matt. Die Unterseite ist mit vielen kleinen Stacheln übersät, die man bei größeren Exemplaren vor dem Genuss entfernen sollte.

Sein Stiel ist ebenso wie das Fleisch weiß oder zumindest heller als der Hut. Oft ist er teilweise verformt und sitzt etwas seitlich.

Junge, also kleine Exemplare sind im Geschmack fein und mild, ältere Exemplare schmecken bitter, auch noch nach dem Kochen.

Verwendung:

Der Semmelstoppelpilz wird frisch verwendet, im Ganzen oder blättrig geschnitten. Man kann ihn auch trocknen oder in Essig bzw. Öl einlegen.

Crostini mit Semmelstoppelpilz-Aufstrich

10 dag Sonnenblumenkerne mit lauwarmem Wasser 2 – 3 Stunden einweichen und danach abtropfen lassen.

1 klein geschnittene Schalotte in 1 EL Olivenöl anschwitzen, 10 dag saubere, geschnittene Semmelstoppelpilze hinzufügen und bei mittlerer Temperatur 8 – 10 Minuten braten. Die Flüssigkeit abgießen und die Pilze abkühlen lassen.

Die Sonnenblumenkerne mit Salz, Pfeffer, frisch gehacktem Kerbel oder etwas Petersilie, der ausgekühlten Pilzmischung und 1 EL Olivenöl zu einer Paste pürieren.

Weißbrotscheiben toasten, mit einer Knoblauchzehe einreiben und mit dem Pilzaufstrich bestreichen. Mit einem Zweig Kerbel, einer Thymianblüte oder einer kleinen Kirschtomate garnieren.

TIPP

Reste oder Brösel von getrockneten Pilzen eignen sich wunderbar zum Würzen von Fleischsaucen oder deftigen Suppen.

Fundort

Verzeichnis Rezepte

Verzeichnis Tees und Getränke

Notizen

Verzeichnis Heilmittel

Notizen

Die Angaben in diesem Buch wurden sorgfältig recherchiert und nach bestem Wissen zusammengestellt, erfolgen jedoch ohne Gewähr. Für deren Richtigkeit sowie Risiken und Nebenwirkungen in der Anwendung wird keine Haftung übernommen. Bitte beachten Sie bei der Verwendung von Hausmitteln die Grenzen der Selbstmedikation. Diese ersetzen keinesfalls ärztliche Beratung oder Behandlung.

Gegen viele Übel ist ein (Wald-)Kraut gewachsen

Heilpflanze	Seite	Erntezeit	Sammelgut	Heilwirkung
Augentrost	**4**	Frühling – Sommer	gesamtes Kraut	augenstärkend, nervenanregend
Berberitze	**6**	Sommer – Herbst	Früchte	reinigend, ausscheidend
Birke	**8**	Frühling	Blätter, Knospen, Rinde	wassertreibend, antirheumatisch
Brunnenkresse	**10**	Frühling – Herbst	Blätter, Blüten	blutreinigend, verdauungsfördernd
Buche	**12**	Frühling – Herbst	Blätter, Samen	desinfizierend, entzündungshemmend
Engelwurz	**14**	Frühling – Sommer	Blätter, Stängel, Wurzel	blutreinigend, schweißtreibend
Fichte	**16**	Frühling	Triebe	hustenstillend, schleimlösend
Goldrute	**18**	Sommer	Blüten	wassertreibend, wundheilend
Günsel	**20**	Frühling – Herbst	gesamtes Kraut	entzündungshemmend, schmerzstillend
Haselnuss	**22**	Sommer – Herbst	Knospen, Nüsse	schweißtreibend, blutbildend
Huflattich	**24**	Frühling	Blüten	krampflösend, hustenlindernd